La sagesse, c'est si simple

C.P. 325, Succursale Rosemont
Montréal (Québec), Canada H1X 3B8
Téléphone: (514) 522-2244
Télécopieur: (514) 522-6301
Courrier électronique: pnadeau@edimag.com

Éditeur: Pierre Nadeau

Dépôt légal: premier trimestre 2000
Bibliothèque nationale du Québec
Bibliothèque nationale du Canada

ISBN: 2-89542-016-5

Introduction

Un jour, quelqu'un m'a demandé si je connaissais des sages; naturellement, je me suis souvenu de plusieurs phrases que certains d'entre eux m'avaient confiées. Ces phrases se veulent simples, et il faut garder à l'esprit que la sagesse prend forme dans des actions simples de notre

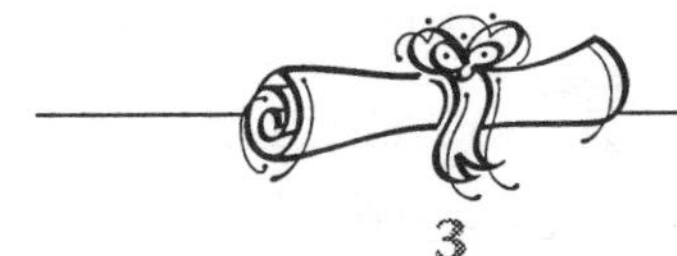

Canada
Nous reconnaissons l'aide financière du gouvernement du Canada par l'entremise du Programme d'Aide au Développement de l'Industrie de l'Édition (PADIÉ) pour nos activités d'édition.

vie de tous les jours. Vous me direz certainement que la sagesse vient avec l'âge, moi je vous réponds que la sagesse ne connaît pas d'âge, mais elle devient l'alliée de ceux qui ouvrent leur coeur et leur âme. Permettez-vous de découvrir jusqu'où votre sagesse s'étend, franchissez l'abîme de l'intellect et allez à la recherche de votre âme.

DISTRIBUTEURS EXCLUSIFS

Pour le Canada et les États-Unis
Les Messageries ADP
955, rue Amherst
Montréal (Québec) H2L 3K4
Téléphone: (514) 523-1182
Télécopieur: (514) 939-0406

Pour la Suisse
Transat S.A.
Route des Jeunes, 4 Ter
C.P. 1210
1 211 Genève 26
Téléphone: (41-22) 342-77-40
Télécopieur: (41-22) 343-46-46

Pour l'Amérique du Sud
Amikal
Santa Rosa 1840
1602 Buenos Aires, Argentine
Téléphone: (541) 795-3330
Télécopieur: (541) 796-4095

La sagesse,
c'est **de vivre**
au jour le jour.

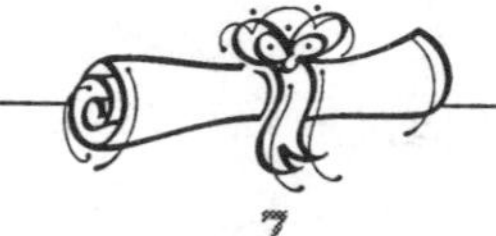

La **sagesse**,

c'est

d'être **soi-même**.

La **sagesse**,

c'est

de ne pas

vivre

dans l'inquiétude.

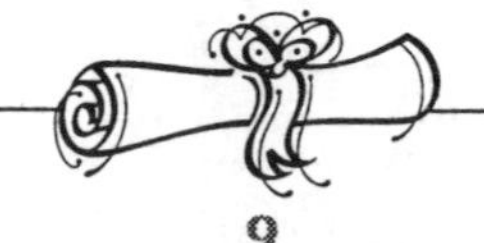

La SAGESSE,

c'est

respecter tout

ce que

DIEU a créé.

Le sage

accomplit son devoir

sans rouspéter.

La sagesse,
c'est de ne **jamais**
regarder
en arrière.

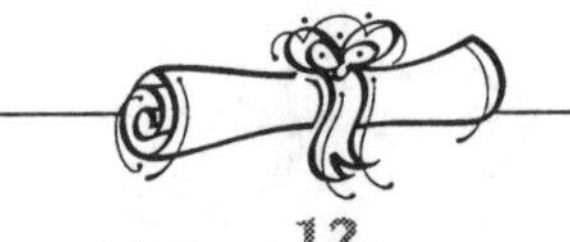

La SAGESSE,

c'est

d'avancer

malgré

l'adversité.

Le *sage*
se sert
des facultés
de son *coeur*.

La **sagesse**,

c'est

tirer parti

du pire.

La

SAGESSE,

c'est savoir écouter

ce que

la vie

nous dit.

La

sagesse,

c'est donner

des messages

d'amour.

La sagesse,

c'est

SAVOIR

VAINCRE

ses **peurs**.

La sagesse,

c'est de ne jamais

sauter

aux conclusions.

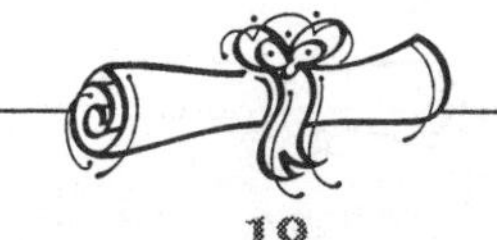

La SAGESSE,

c'est vivre

avec

COMPASSION.

Le **SAGE**
laisse le passé
où il est.

La

sagesse

nous permet

de vaincre

les ÉPREUVES.

Le *sage*
sait
comment
attirer les messages
de **l'univers**.

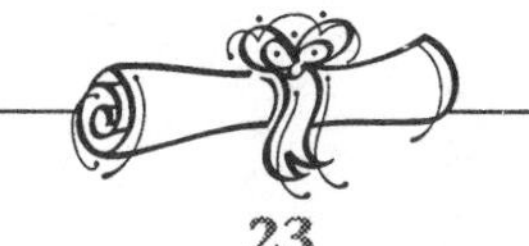

La sagesse,
c'est agir
et NON
parler.

La **sagesse**,

c'est savoir

OBSERVER.

La

sagesse,

c'est

savoir garder présent

son **OBJECTIF**.

La sagesse,

c'est agir

avec

compréhension.

Le sage

agit **toujours**

par amour

pour

AUTRUI.

La SAGESSE,

c'est savoir

garder

un **SECRET**.

La **sagesse**,

c'est agir

selon

sa **MISSION**.

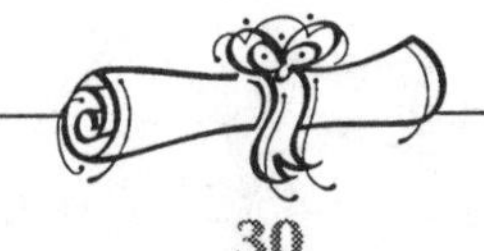

La sagesse,

c'est

DE SUSCITER

le bonheur

autour de soi.

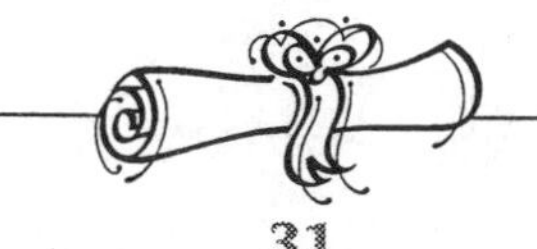

La **sagesse**,

c'est **agir**

selon

sa conscience.

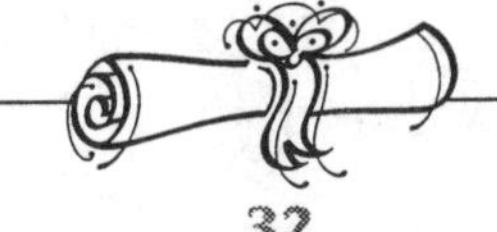

La **SAGESSE**,

c'est savoir

prendre

LE BON

chemin.

La

SAGESSE,

c'est chercher

à toujours

apprendre.

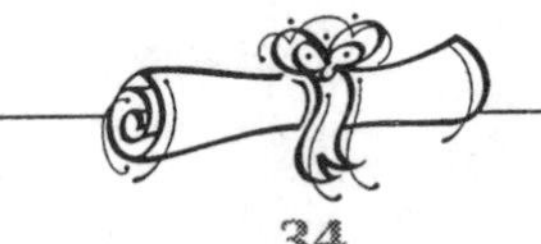

La **SAGESSE**,

c'est

SAVOIR démontrer

de la

bienveillance.

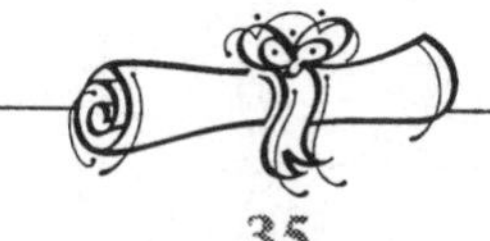

La sagesse,
c'est de toujours
garder
une **étincelle**
d'espoir.

La **SAGESSE**,

c'est de n'avoir

aucune

DÉPENDANCE.

Le **sage**
RECHERCHE
toujours
plus de *sagesse*.

La
SAGESSE,
c'est
une inspiration
DIVINE.

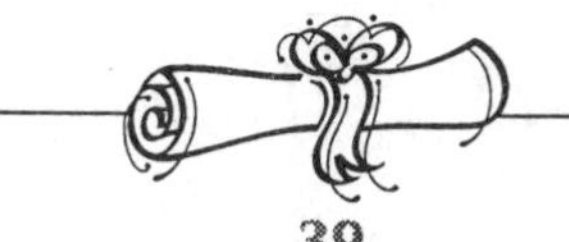

La

sagesse,

c'est connaître

ses privilèges

et en faire bénéficier

les autres.

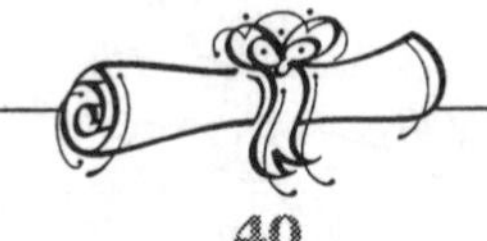

La SAGESSE,

c'est savoir

quelquefois

prendre un

risque.

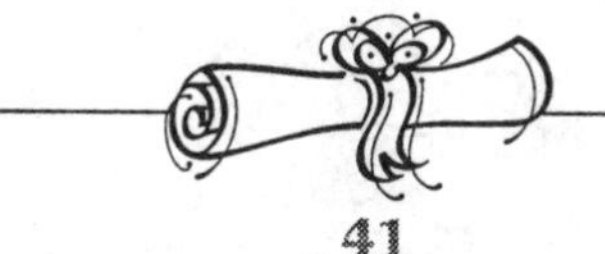

La **sagesse**,
c'est de ne jamais
demander
l'exclusivité.

La sagesse,
c'est être PATIENT
et TOLÉRANT.

La SAGESSE,

c'est savoir

communiquer

avec les autres

et bien s'en servir.

La **sagesse**,

c'est

de toujours

garder le sourire.

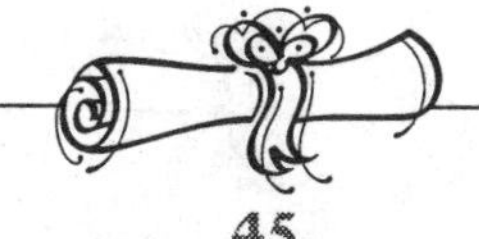

La

SAGESSE,

c'est **savoir**

PARTAGER.

La **sagesse**,
c'est ne pas résister
**inutile-
ment**
à l'INÉVITABLE.

La **sagesse**,

c'est savoir

se **conditionner**.

La

sagesse,

c'est **donner**

son appui

à ceux qui

nous **entourent**.

La **SAGESSE**,

c'est de

savoir faire

confiance

à la **vie**.

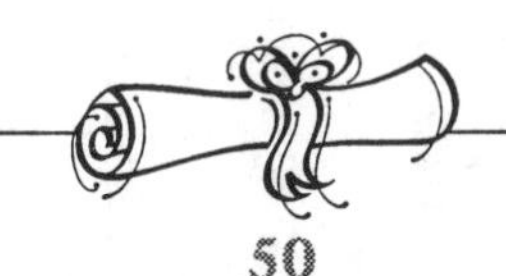

Le SAGE

aussi

possède

des sentiments,

sauf qu'il **ne les**

cache pas.

La **sagesse**,

c'est

connaître

son ÂME.

La **sagesse**,
c'est s'émouvoir
devant la **VIE**.

La SAGESSE,

c'est

savoir

pardonner.

La SAGESSE,

c'est toujours

être prêt

aux

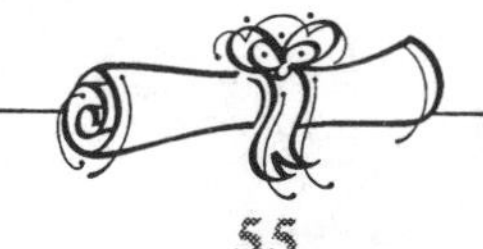

La sagesse,

c'est être **juste**

en **tout**

et envers **tous**.

La

sagesse,

c'est libérer

son coeur

et son esprit pour

avoir l'âme en paix.

La SAGESSE,

c'est

savoir **admirer**

la **nature**.

Le *sage*

se sert

de sa

conscience.

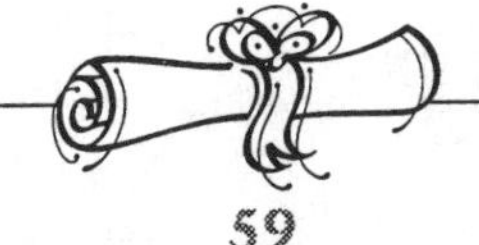

La SAGESSE,

c'est

AFFRONTER

l'inconnu.

La SAGESSE,
c'est d'avoir
du COURAGE
pour plusieurs,
surtout pour ceux
qui n'en ont pas.

La *sagesse*,
c'est de **ne jamais**
blâmer.

La sagesse,

c'est de TOUJOURS

REGARDER DROIT

DEVANT SOI.

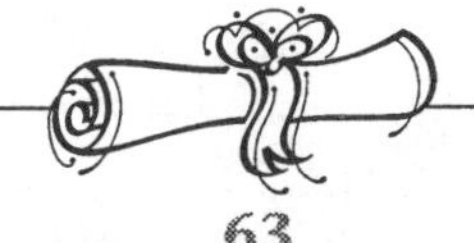

Le sage

ne jalouse

personne,

il admire

chacun.

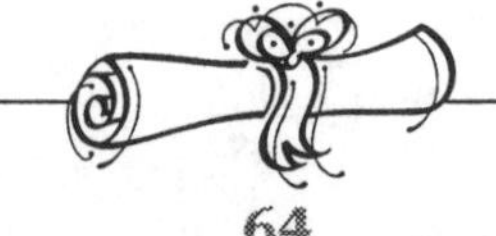

La

sagesse,

c'est

de

toujours

rêver.

La **sagesse**,

c'est de

toujours essayer

et ne **jamais**

baisser les bras.

La **SAGESSE**,

c'est faire

ATTENTION

à ce que

L'ON SÈME.

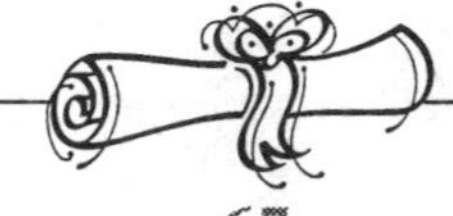

La *sagesse*,

c'est ne

jamais cesser

d'**espérer**.

Le **sage**

agit

avec **calme**.

La sagesse,

c'est

ACCOMPLIR

ce qui doit

ÊTRE FAIT.

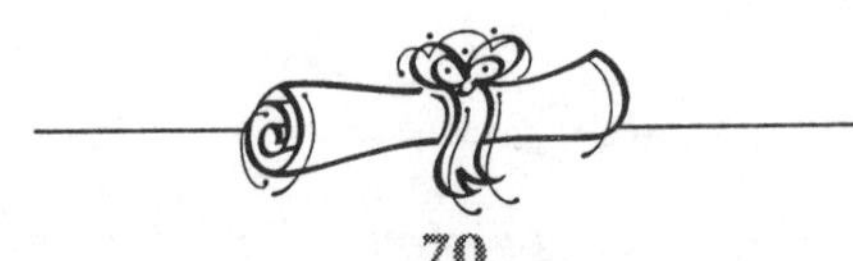

La

SAGESSE,

c'est suivre

le **chemin**

de la paix.

La **sagesse**,

c'est suivre

le **chemin**

du BONHEUR

et non se vautrer

dans le malheur.

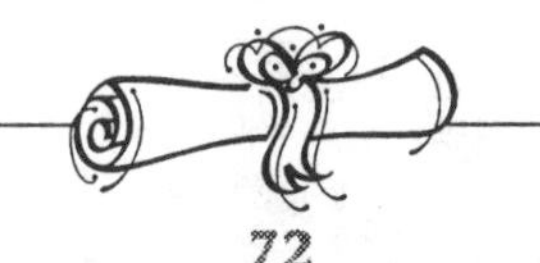

La **SAGESSE**,

c'est remercier

avec *sincérité*.

La SAGESSE,

c'est **comprendre**

l'incompréhensif.

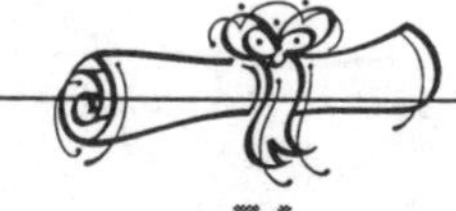

La **sagesse**,

c'est laisser

la critique à ceux

qui aiment

se justifier.

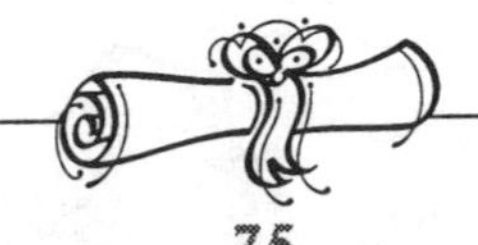

La
SAGESSE,
c'est suivre
le **chemin**
de l'**amour**.

Le **sage**

est en paix

avec

lui-même.

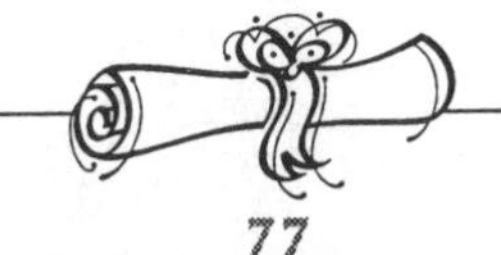

La **sagesse**,

c'est regarder

la réalité

pour ce qu'elle est.

La *sagesse*,

c'est

savoir **écouter**

sans

interrompre.

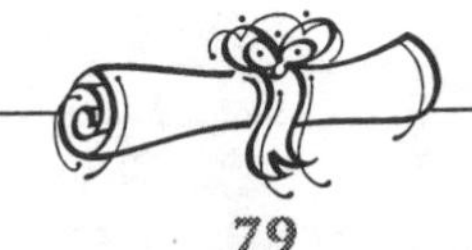

La SAGESSE,

c'est être

généreux.

La **SAGESSE**,

c'est profiter

de chaque chose

que la vie

apporte.

La sagesse,

c'est **croire**

que tout

est

possible.

La **SAGESSE**,

c'est manifester

l'amour par

de petits **gestes**

et de petites

attentions.

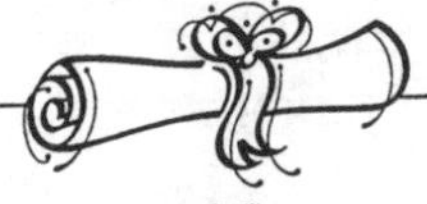

Le **sage**
ne cherche pas
à avoir raison,
il n'a pas besoin
de se justifier.

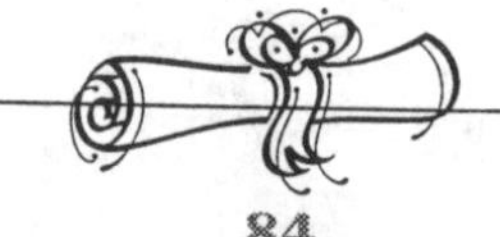

La *sagesse*,

c'est savoir

contempler.

La sagesse,

c'est avoir

LA FOI.

La sagesse,

c'est **savoir perdre**

avec grâce.

La SAGESSE,

c'est se connaître

et ne rien

se cacher.

Le SAGE

ne connaît pas

l'envie;

il admire plutôt

les efforts

que les autres font.

La **sagesse**,

c'est savoir **adapter**

et **changer**

notre manière

de **voir** et

de **penser**.

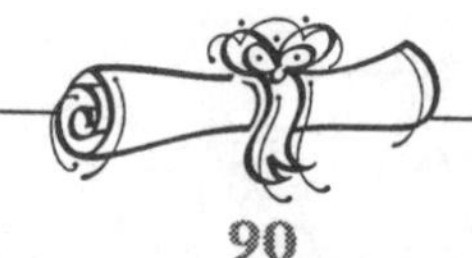

La sagesse,
c'est savoir
reconnaître
la vérité.

La **sagesse**,

c'est savoir

qui on est et

ne pas se préoccuper

de ce que pensent

les autres.

La

SAGESSE,

c'est d'être flexible

au **bon moment**.

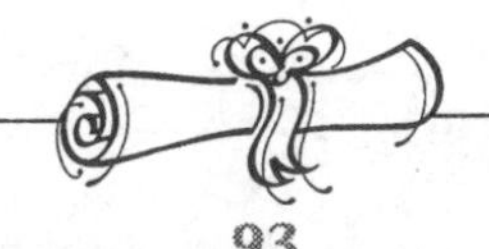

Le SAGE
ne doute
JAMAIS.

La **sagesse**,

c'est avoir

la volonté d'agir

et ne pas attendre

que les autres

agissent pour nous.

La **sagesse**,

c'est se permettre

d'aller à la **découverte**

du monde.

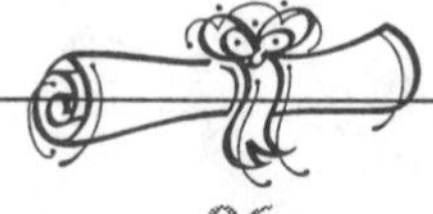

La **sagesse**,

c'est savoir

quelquefois

faire des sacrifices.

La *sagesse*,

c'est de **toujours**

avoir un but.

La SAGESSE,

c'est utiliser

son

inspiration.

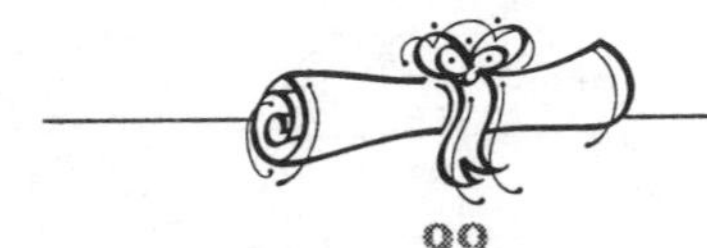

La *sagesse*,

c'est partager

nos bonheurs

avec ceux

qui n'en ont pas.

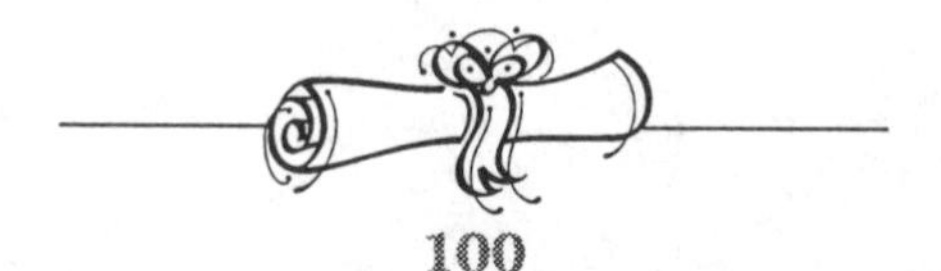

Le sage
sait utiliser
son savoir
pour en faire
bénéficier
les autres.

La **sagesse**,

c'est être

à la recherche

de quelque chose

de **nouveau**.

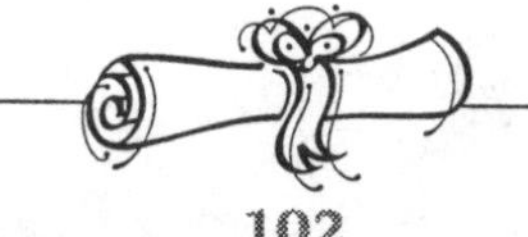

La SAGESSE,

c'est d'avoir

de bonnes intentions

en tout temps.

La

SAGESSE,

c'est accepter

les

transformations.

Le **sage**
est libre
de son **PASSÉ**.

La **SAGESSE**,

c'est accepter

LES LIMITES

que les gens

s'imposent.

La **SAGESSE**,
c'est comprendre
nos **responsabilités**.

La SAGESSE, c'est de n'avoir aucune frontière.

La **SAGESSE**,

c'est suggérer

au lieu

d'exiger.

La *sagesse*,

c'est apprendre

aux autres

à se **détacher**.

Le sage crée sa propre chance.

La sagesse,
c'est d'avoir
confiance
en l'avenir.

La SAGESSE,

c'est savoir écrire

l'histoire

sans la modifier.

La **sagesse**,

c'est se permettre

un peu de doute

pour l'éliminer

par la suite.

La **SAGESSE**
aide à apaiser
la douleur
des autres.

La SAGESSE,
c'est savoir prier
pour les **bons**
comme les **mauvais**
moments
de la vie.

Le sage

sait être agréable

à ceux

qui s'approchent

de lui.

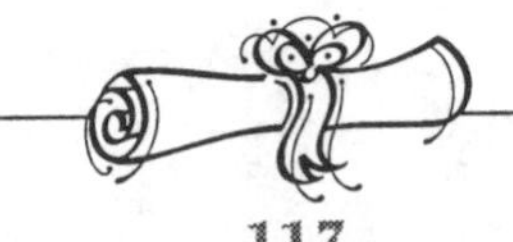

La sagesse,
c'est parler
au bon moment
pour éviter
la **COLÈRE**.

La **sagesse**,

c'est prendre

conscience

de ses **erreurs**.

La SAGESSE,
c'est utiliser tous
les outils que
nous possédons
pour améliorer
NOTRE SORT.

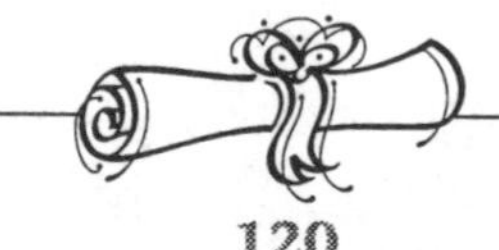

La sagesse,

C'EST TEMPÉRER

mon caractère

plutôt que de le faire

subir aux autres.

Le **sage**

sait que rien

n'est jamais fini...

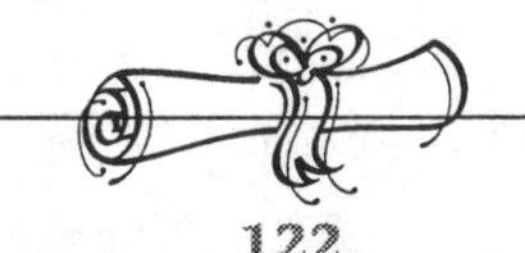

La *sagesse*,
c'est de ne pas avoir

PEUR

de ses faiblesses.

La sagesse,
c'est de toujours
faire
de son mieux.

La SAGESSE,
c'est la certitude
d'un monde
meilleur.

La **SAGESSE**,

c'est de créer

L'HARMONIE

autour de soi.

La **sagesse**,
c'est d'être juste
envers
tous.

Le **sage**

sait ce qui

sommeille

en toi.

La **SAGESSE**,

c'est se servir

de sa *sensibilité*

au lieu

d'en avoir peur.

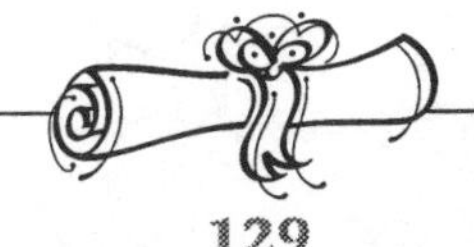

La

SAGESSE,

c'est enjoliver

sa vie

avec un rien.

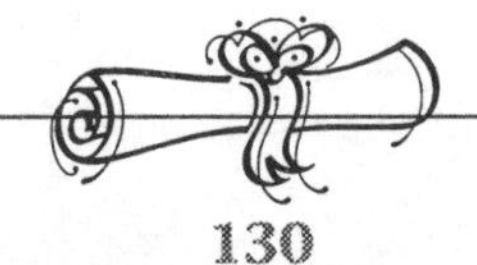

La sagesse,

c'est prendre

soi-même

les décisions

plutôt qu'attendre.

La SAGESSE,

c'est savoir

S'ENGAGER.

La **sagesse**,
c'est d'être
de plus en plus
charitable.

Le SAGE

sait agir

avec

DISCERNEMENT.

La **sagesse**,

c'est se **servir**

de ses

connaissances.

La **sagesse**,
c'est d'avoir
de la **compréhension**
en tout temps.

La SAGESSE,

c'est d'agir

TOUJOURS

avec franchise.

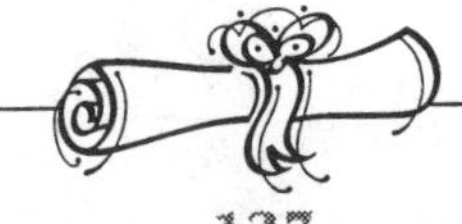

La **sagesse**,
c'est prendre
son temps
et **savourer**
chaque **moment**.

Le sage

POSSÈDE

L'ÉTERNITÉ.

La **sagesse**,

c'est de vivre

AU

PRÉSENT.

La **sagesse**,

c'est regarder

avec les **yeux**

de l'intérieur.

Le SAGE

possède

une grande

HUMILITÉ.

La **sagesse**
nous permet
de nous
pardonner.

Le **sage** comprend
qu'il n'y a pas
de perte, que tout
est un **éternel**
recommencement.

Le SAGE

ne se préoccupe pas

de la *destination*,

il est certain

d'y arriver un JOUR.

La **SAGESSE**,

c'est connaître

sa force **d'âme**.

La sagesse,

c'est **savoir**

se

réconcilier.

La SAGESSE,

c'est reconnaître

que chacun

possède sa réalité.

La sagesse,

c'est servir

de **soutien** à ceux

qui le demandent.

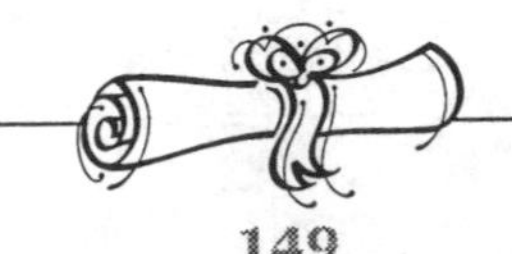

Le sage

respecte

ses **LIMITES**.

La **sagesse**,

c'est de **NE PAS**

SE LAISSER étourdir

par LA

VANITÉ

des gens.

La SAGESSE,

c'est **savoir**

libérer

son esprit

pour que

l'âme parle.

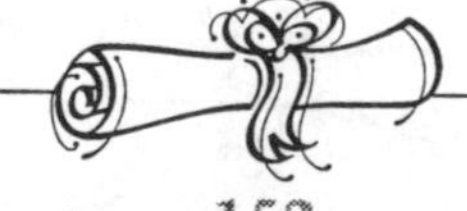

La *sagesse*,

c'est d'agir

selon ses moyens,

plutôt que d'attendre

le miracle.

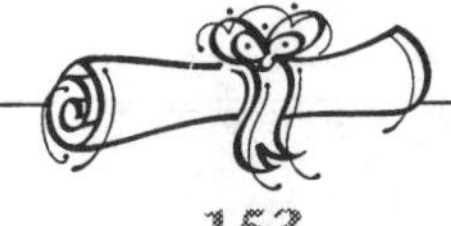

La **sagesse**,

c'est vaincre

ses **mauvaises**

habitudes.

Le **sage**
est toujours fidèle
à **ses idées**.

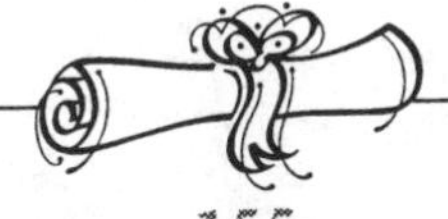

La sagesse,

c'est agir selon

son **cœur**

et non selon

sa tête.

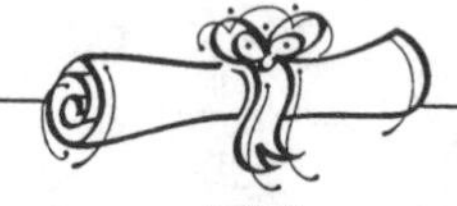

La **SAGESSE**,

c'est **DÉCOUVRIR**

son vrai

pouvoir.

La **sagesse**,

c'est avoir

de la **TÉNACITÉ**

en tout.

La **sagesse**,
c'est prendre le temps
de relaxer et
d'observer.

La sagesse,

c'est croire

en la

PROVIDENCE.

Le sage

se sent

toujours

libre.

La SAGESSE,

c'est comprendre

que la vie

nous est PRÊTÉE.

Le ***sage*** *agit*
selon sa conscience,
car il connaît la loi
DU RETOUR.

La sagesse,
c'est savoir
lâcher
prise.

Le **sage** s'engage
face à lui-même;
cela **lui permet**
de s'engager ensuite
face aux autres.

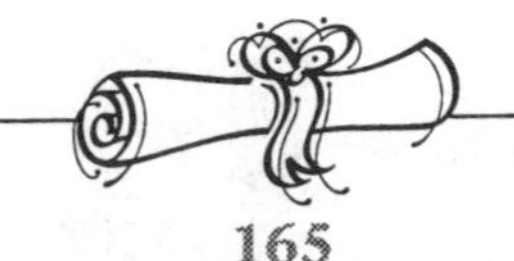

La SAGESSE,

c'est se servir

de son

intelligence.

La SAGESSE,

c'est une VOCATION

et un appel

à L'ALTRUISME.

La sagesse,

c'est savoir

demander et

accepter

de l'aide.

La SAGESSE,

c'est se libérer

de **ses angoisses**

en **les**

affrontant.

La sagesse,

c'est savoir se laisser

guider par

son

intuition.

La

sagesse

vient avec

l'expérience.

Le sage

DÉVELOPPE

ses propres talents,

il n'envie pas

ceux des autres.

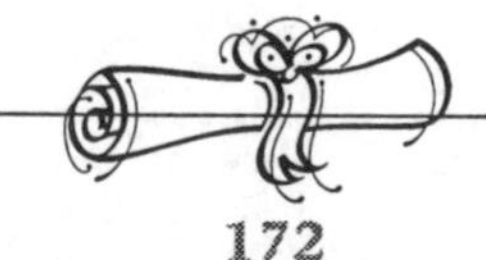

La sagesse, c'est savoir utiliser **la sagesse** des autres.

Le **sage**

ne connaît pas

l'indifférence,

il cultive

l'observation.

La **SAGESSE**,

c'est comprendre

la **nature**

humaine.

La **sagesse**,
c'est cultiver
ses *amitiés* plutôt
que de se concentrer
sur ses **ENNEMIS**.

Le SAGE

est toujours

VAINQUEUR,

même quand

IL EST

VAINCU.

La sagesse N'EST PAS PRESSÉE, elle a tout SON TEMPS.

La **SAGESSE**,

c'est l'art

d'enseigner

sans obliger.

Le **sage**

agit toujours

avec **sincérité**.

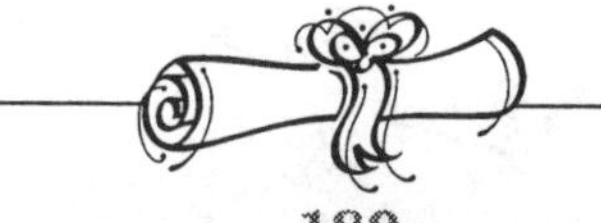

La **SAGESSE**

sait que

la perfection

n'existe

pas.

La SAGESSE,

c'est **être** simple

sans être

simplet.

Le sage

TROUVERA

TOUJOURS

une solution.

La **SAGESSE,**

c'est prendre

LE TEMPS

de méditer

un peu plus

CHAQUE JOUR.

La SAGESSE,

c'est de ne jamais

bousculer **les**

gens

ni les

événements.

La **sagesse**,

c'est reconnaître

d'autres
sages.

La sagesse

n'a pas d'endroit

particulier,

elle se trouve là

où tu voudras.

Le sage

N'A PAS PEUR

de la solitude.

La SAGESSE

n'est pas un état

d'esprit,

c'est un

état

d'âme.

La **SAGESSE**

ne te choisit pas,

C'EST TOI

qui l'appelles.

Au yeux
du sage
rien n'est **inutile.**

La ***sagesse***

est possible

pour tous,

il suffit

DE L'ACCUEILLIR.

La SAGESSE
ne connaît
ni le
temps,
ni l'espace;
elle est ÉTERNELLE.

Le **sage** sait
qu'il faut aider
SEULEMENT
quand on le demande.

La SAGESSE,

c'est se

laisser aimer.

La sagesse
ne renie pas
la
tristesse,
elle cherche
à l'amoindrir.

La

sagesse

enseigne

la maîtrise

de soi.

La sagesse
travaille
avec le corps
et l'esprit.

Dans la **sagesse**,

il n'y a PAS

DE PLACE

POUR

LE REJET.

Le **SAGE**

est toujours là,

À

L'INTÉRIEUR

de TOI.

La sagesse

EXISTE

pour toujours

et à jamais.

La **sagesse**
élimine
les **culpabilités.**

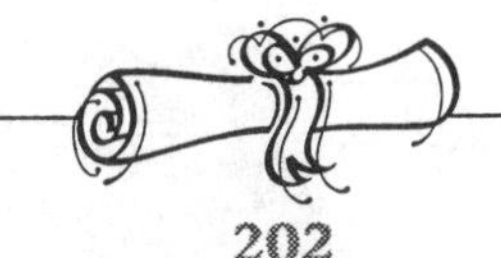

Le **sage**

ne méprise rien

ni personne,

il ouvre

son **coeur**.

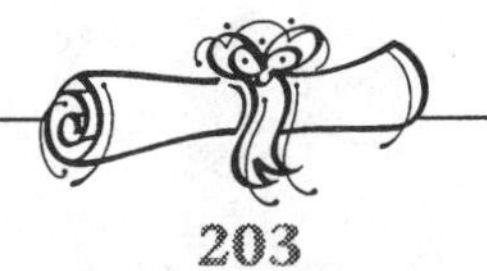

Le **sage**

sait qu'un trésor

se cache

à l'intérieur

de chacun.

Conclusion

Que dire de plus, que la sagesse est unique et que celui qui la possède vraiment comprend que lui seul peut utiliser sa sagesse. La sagesse ne se prête pas, ne se donne pas. Nous pouvons en parler pendant des heures et des jours, le fait est que la sagesse est quelque chose

de personnel. Il n'y a pas de chemin pour trouver la sagesse; la sagesse est le chemin.

Un chemin que vous seul pouvez prendre ne sera pas facile. Mais en gardant ces pensées en tête, cela vous facilitera le voyage.